Los primeros viajes escolares

El teatro

por Cari Meister

Bullfrog Books

Ideas para padres y maestros

Bullfrog Books permite a los niños practicar la lectura de texto informacional desde el nivel principiante. Repeticiones, palabras conocidas y descripciones en las imágenes ayudan a los lectores principiantes.

Antes de leer

- Hablen acerca de las fotografías. ¿Qué representan para ellos?
- Consulten juntos el glosario de fotografías. Lean las palabras y hablen de ellas.

Lean en libro

- "Caminen" a través del libro y observen las fotografías. Deje que el niño haga preguntas. Señale las descripciones en las imágenes.
- Lea el libro al niño, o deje que él o ella lo lea independientemente.

Después de leer

- Inspire a que el niño piense más. Pregunte: ¿Alguna vez has ido al teatro? ¿Qué obra viste?

Bullfrog Books are published by Jump!
5357 Penn Avenue South
Minneapolis, MN 55419
www.jumplibrary.com

Library of Congress Cataloging-in-Publication Data

Names: Meister, Cari, author.
Title: El teatro / por Cari Meister.
Other titles: Theater. Spanish
Description: Minneapolis, MN: Jump!, Inc. [2016] | Series: Los primeros viajes escolares | Includes index.
Identifiers: LCCN 2015040184 |
ISBN 9781620313329 (hardcover: alk. paper) |
ISBN 9781624963926 (ebook)
Subjects: LCSH: Theater—Juvenile literature.
Classification: LCC PN2037.M39518 2016 |
DDC 792—dc23
LC record available at http://lccn.loc.gov/2015040184

Editor: Jenny Fretland VanVoorst
Series Designer: Ellen Huber
Book Designer: Lindaanne Donohoe
Photo Researcher: Lindaanne Donohoe
Translator: RAM Translations

Photo Credits: All photos by Shutterstock except: CanStock Photo, 17; Corbis, 6–7, 18–19, 22; iStock, 3, 4, 12–13, 24; Thinkstock, 15.

Printed in the United States of America at Corporate Graphics in North Mankato, Minnesota.

Tabla de contenido

Detrás del telón

¿A dónde va la clase?

¡Al teatro!

Es un lugar donde se ven obras teatrales.

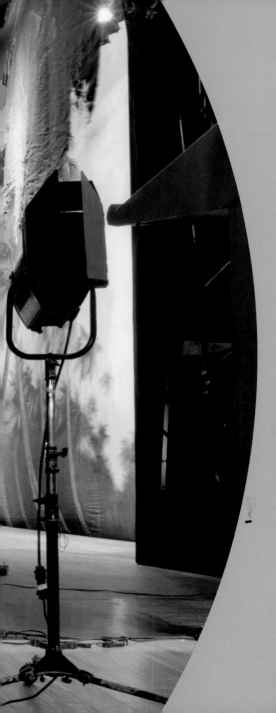

El día de hoy
somos afortunados.

Entramos por
la puerta trasera.

Es para el elenco
y equipo.

STAGE DOOR

Todos se preparan.
Los actores se
ponen maquillaje.

Se ponen sus disfraces.

¡Wow! ¡Que peluca más grande!

11

El equipo revisa
el escenario.

¡Todo se ve bien!

¿Están los accesorios
en su lugar?

¡Si!

accesorios

escenario

Prueban las luces.

La luz principal funciona.

15

Los actores practican antes de salir.

Se estiran.

Cantan.

Repiten sus líneas.

Los músicos llegan.

Se sientan
en la arena.

Practican.

Todo está listo.

Las luces se apagan.

Nos sentamos.

¡Es hora del espectáculo!

En el teatro

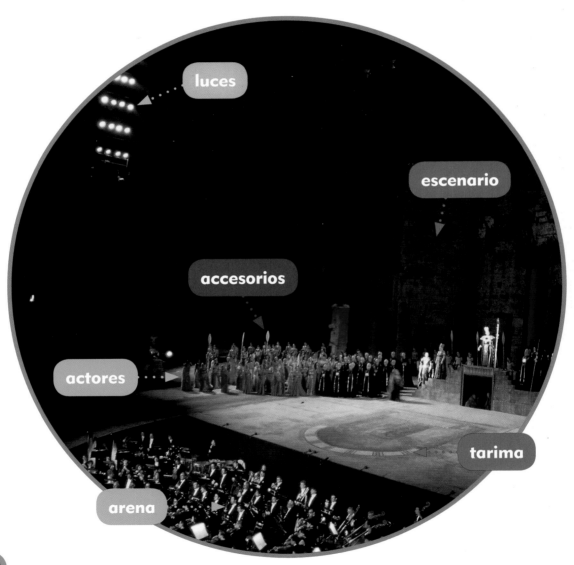

luces

escenario

accesorios

actores

tarima

arena

Glosario con fotografías

arena
Nivel bajo en
el frente del
escenario donde
la orquesta
se sienta.

maquillaje
Cremas, lociones
o polvos especiales
que se aplican para
cambiar la apariencia
de alguien.

disfraces
Ropas especiales
que se usan
para aparentar
ser algo o
alguien más.

músicos
Gente que toca
instrumentos
musicales.

escenario
Paisaje de
la obra.

peluca
Cobertura para
la cabeza hecho
de cabello
artificial o real.

Índice

Para aprender más

Aprender más es tan fácil como 1, 2, 3.

1) Visite www.factsurfer.com

2) Escriba "elteatro" en la caja de búsqueda.

3) Haga clic en el botón "Surf" para obtener una lista de sitios web.

Con factsurfer.com, más información está a solo un clic de distancia.